Dorina Tadiello

Matthew Lukwiya

Un medico martire di Ebola

emi

Collana **i**nviati **s**peciali

1. Giovanni Munari,
   ***Franco Masserdotti**. Consacrato dal popolo*
2. Aurelio Boscaini,
   ***Gino Filippini**. Volontario a vita*
3. Giovanni Munari,
   ***Ezechiele Ramin**. Martire della terra*
4. Marco Aime,
   Io non sono razzista ma…
5. Dorina Tadiello,
   ***Matthew Lukwiya**. Un medico martire di Ebola*

La missione, indirizzata prima a Israele
e poi alle genti, si sviluppa a molteplici livelli.
C'è, innanzi tutto, il gruppo dei Dodici che,
come un unico corpo guidato da Pietro,
proclama la buona novella.
C'è, poi, la comunità dei credenti, che, col suo modo
di vivere e di operare, rende testimonianza al Signore
e converte i pagani. Ci sono, ancora, gli inviati
speciali, destinati ad annunziare il Vangelo.
La Chiesa primitiva vive la missione come compito
comunitario, pur riconoscendo nel suo seno degli
«inviati speciali», o «missionari consacrati alle genti»,
come Paolo e Barnaba.

Giovanni Paolo II, *Redemptoris missio* 27 e 61

CREDITI FOTOGRAFICI

Le foto di p. 48 e p. 54 sono della Fondazione Piero e Lucille Corti Onlus. La foto di p. 28, ripresa in copertina, è di Seamus Murphy (www.seamusmurphy.com). L'editore ringrazia.

Per le altre foto, l'editore rimane a disposizione degli aventi diritto che non è stato possibile reperire.

Via di Corticella, 179/4 – 40128 Bologna
Tel. 051/32.60.27 – Fax 051/32.75.52
www.emi.it
sermis@emi.it

N.A. 3139
ISBN 978-88-307-2320-7

Una testimonianza da ricordare

Introduzione delle Suore Missionarie Comboniane

Matthew Lukwiya nel settembre 2000.

La pericolosissima malattia da virus Ebola è salita alla ribalta mondiale nel 1995, quando a Kikwit (nel Nordest della Repubblica Democratica del Congo, ex Zaire) provocò la morte di oltre 240 persone. Tra le vittime vi furono anche sei Suore Poverelle di Bergamo, missionarie, che si erano prodigate nell'assistenza ai malati, pur consapevoli della pericolosità del morbo. Da allora si sono verificate diverse epidemie; le più recenti (2014-2015) hanno fatto particolarmente notizia perché si sono registrati alcuni casi in Europa e negli Stati Uniti, di missionari o viaggiatori di ritorno dall'Africa. La vicenda di Matthew Lukwiya riguarda un'epidemia di Ebola che è scoppiata tra il settembre e il dicembre del 2000 in Nord Uganda.

Quasi un bollettino di guerra, in quei giorni ci raggiungevano i comunicati quotidiani dell'agenzia missionaria *Misna* (in contatto con i comboniani di Gulu, Uganda: p. Cosimo De Iaco, parroco della chiesa di Holy Rosary,

Suor Dorina Tadiello con tre bambine scampate all'Ebola.

e fratel Elio Croce, responsabile tecnico del St. Mary's Lacor[1] Hospital) e alcune email di suor Aldina Viliotti, superiora provinciale delle comboniane in Uganda. Con trepidazione e dolore abbiamo seguito l'evolversi dell'epidemia e l'eroica testimonianza di carità a prezzo della propria vita, data dal personale sanitario. Casi di Ebola sempre più frequenti venivano segnalati nel Nord Uganda, in particolare in alcuni villaggi sulla strada che da Gulu conduce ad Anaka e nei pressi di Adjumani e Pakele (a est di Madi).

L'Ebola è una febbre emorragica con dolori alle articolazioni e al petto, dissenterie e cefalee. Provocata da un «virus fantasma» che di tanto in tanto fa la sua comparsa in qualche zona dell'Africa, si diffonde con estrema facilità di contagio, poi scompare.

A settembre-ottobre 2000, il «fantasma» si è dunque ripresentato in Uganda, nel distretto di Gulu. Fratel Elio Croce, nel suo diario scarno e puntuale, annota accuratamente l'evolversi dell'epidemia e le misure adottate

[1] Pronuncia: *Laciòr*.

«Nel suo "diario" si avverte quasi una trasfusione dello spirito di alcune vittime, specialmente del "dottor Matthew", la cui statura morale, professionale e cristiana è elevatissima»

con grande prontezza dal primario, il dottor Matthew Lukwiya, che per primo lancia l'allarme, contatta le autorità politiche e sanitarie del distretto (non è facile, all'inizio, far capire la gravità del problema) e coordina il personale sanitario e infermieristico nell'assistenza alle vittime del contagio. Una strategia disperata e accuratissima, quella del medico ugandese, che certamente contribuisce a limitare il numero dei decessi, ma non può impedire che l'insidioso virus uccida 15 tra infermieri, studenti e impiegati, prima di colpire implacabilmente anche lui.

Suor Dorina Tadiello, comboniana, medico, collaboratrice del dottor Lukwiya, negli scarsi ritagli di tempo annota anche lei ciò che la colpisce più a fondo in quei giorni convulsi e tremendi. La sua non è una puntuale cronaca dei fatti, ma una rielaborazione del come sono stati vissuti da lei e dagli altri. Nel suo «diario» si avverte quasi una trasfusione dello spirito di alcune vittime, specialmente del «dottor Matthew», la cui statura morale, professionale e cristiana è elevatissima.

Quando anche lui cade «sul campo», a soli 43 anni, lasciando moglie e cinque figli, pare che a Gulu il mondo si fermi, ma il suo messaggio, fissato in quei ricordi, preme perché «dopo l'Ebola» quel «mistero di luce» venga testimoniato.

Mistero di luce

Gulu (Uganda), 5 dicembre 2000. Oggi, all'una di notte, è deceduto il dottor Matthew Lukwiya, direttore sanitario dell'ospedale St. Mary's Lacor, condottiero della battaglia contro l'Ebola. Da una settimana in lui stesso erano comparsi i primi sintomi del morbo ed era stato ammesso nel reparto di isolamento. Con la notizia della sua malattia, la vita si era fermata a Gulu. Sul volto di ogni persona c'erano incredulità e dolore, e nel cuore la segreta speranza in un miracolo che il Signore non poteva rifiutare.

Tutti sembravano pietrificati, si muovevano come automi, incapaci di credere e accettare la verità. Nel silenzio che avvolgeva Gulu si è presto alzata, sommessa e accorata, una marea di preghiere. Ovunque gruppi di

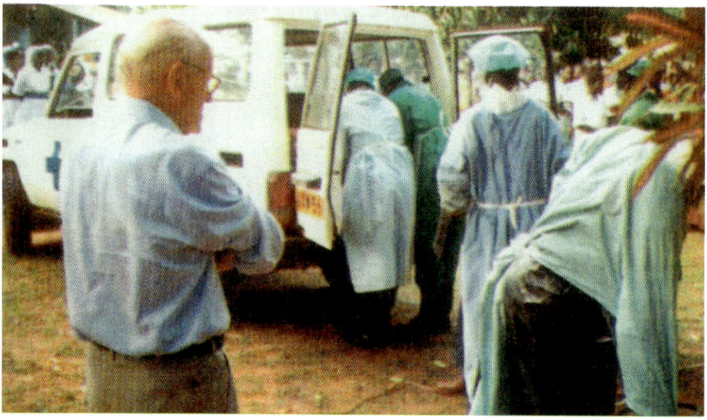

Il dott. Piero Corti piange la morte di Matthew Lukwiya.

«Le sue riflessioni erano molto ricche, profonde, significative, e sempre vissute con quella coerenza e dirittura morale che tutti gli riconoscevano e che lo rendevano credibile e autorevole»

persone si radunavano in lunghe ore di adorazione e veglie, mentre la notizia si diffondeva rapidamente dentro e fuori il Paese. La malattia del dottor Lukwiya era sulle prime pagine dei quotidiani. Anche nella sua abitazione la moglie e la madre hanno continuato a vegliare, alternandosi in preghiera, dall'inizio della sua malattia fino al momento della morte. Ovunque la gente incontrasse medici, infermiere e suore dell'ospedale, chiedeva come stava il dottor Matthew, per ritornare poi al proprio inconsolabile dolore.

Oggi i cuori sono spezzati, ma tra le lacrime rifulge la luce della sua straordinaria statura umana, professionale, etica e spirituale.

Conoscevo da anni il dottor Matthew. Nelle mie visite al Lacor avevo avuto l'occasione di frequenti scambi di opinione su diversi argomenti che riguardavano il nostro comune impegno nel campo sanitario. Erano sempre momenti di grazia, perché le sue riflessioni erano molto ricche, profonde, significative, e sempre vissute con quella coerenza e dirittura morale che tutti gli riconoscevano e che lo rendevano credibile e autorevole.

Ma l'esperienza più straordinaria è stata quella di aver lavorato al suo fianco, per più di un mese, nel reparto infettivi con gli ammalati di Ebola.

L'uomo, il medico

Matthew Lukwiya nasce il 24 novembre 1957 a Kitgum (regione settentrionale dell'Uganda), nella maternità gestita dalle Suore Missionarie Comboniane. La sua è una famiglia anglicana profondamente religiosa, che gli trasmette una spiritualità profonda, non pietistica ma fatta di valori che rendono grande la vita umana: la sacralità della vita, il servizio, la compassione di fronte al dolore, la solidarietà con gli ultimi, la ricerca e l'affermazione della verità, anche quella che suona dura e che presenta un prezzo personale da pagare, l'onestà e la trasparenza nei rapporti interpersonali, il senso della giustizia e una libertà responsabile. Matthew si distingue per doni particolari di intelligenza che gli permettono di essere il primo della scuola alla fine delle elementari, il primo del Nord Uganda

Liverpool, 1990: Matthew Lukwiya ottiene il Master in Pediatria tropicale.

«A Liverpool, dove si reca per una specializzazione in Pediatria tropicale, si distingue ancora una volta per la sua bravura. Al termine del corso gli viene offerta la possibilità di restare, ma lui preferisce ritornare e servire la propria gente»

alla fine delle medie e il primo del Paese alla fine delle superiori.
Nella sua crescita non può non respirare il clima di tensione che vi era allora tra la Chiesa anglicana e quella cattolica, legato alla storia e alle vicende dell'Uganda e segnato, a volte, da atteggiamenti di reciproco sospetto e ostile confronto. Matthew Lukwiya, uomo libero, insofferente dei confini troppo angusti e incapace di intolleranza religiosa, ha impostato il suo rapporto con i diversi gruppi religiosi su un'onesta ricerca della verità, sul rispetto dell'altro e del diverso e sulla lealtà, rompendo schemi rigidi e inadeguati al nuovo soffio dello Spirito.
È con questa apertura e disponibilità che Matthew completa in modo brillante la scuola di medicina nell'Università di Makerere e accetta di guidare una delle più prestigiose istituzioni della Chiesa cattolica in Uganda, il St. Mary's Lacor Hospital a Gulu, dopo avervi svolto il tirocinio post-laurea.
Si tratta di un ospedale privato, non profit, con la finalità di fornire servizi medici di qualità specialmente ai più bisognosi. È stato fondato nel 1959 da alcune

missionarie combonia-
ne per la diocesi cat-
tolica di Gulu. I primi direttori e sviluppatori della struttura furono una coppia di coniugi entrambi medici, il pediatra italiano Piero Corti e la chirurga canadese Lucille Teasdale Corti. Essi individuarono in Matthew Lukwiya la persona, inviata dalla Provvidenza, capace di sostituirli nella futura gestione dell'ospedale missionario, considerato uno dei complessi più funzionali e importanti del Paese. Lucille morì nel 1996 per aver contratto l'Aids durante il suo servizio sanitario.

Lo sguardo positivo del «dottor Matthew».

Il dottor Matthew servì sempre i pazienti con compassione e carità. Anche la sua volontà di essere sepolto nel giardino dell'ospedale, ai piedi della statua della Madonna di Lourdes, dice che nel suo servizio egli ha dato costantemente il meglio di sé fino al dono della sua stessa vita, e che il suo spirito continuerà ad alimentare la generosità e la dedizione di quanti lavorano al Lacor.
A Liverpool, dove si reca per una specializzazione in Pediatria tropicale, si distingue ancora una volta per la sua bravura. Al termine del corso gli viene offerta la possibilità di restare come membro del corpo insegnante, cosa che gli avrebbe assicurato una brillante carriera a livello mondiale. Ma lui preferisce ritornare e servire la propria gente – gli acholi del Nord Uganda –, così duramente provata dalla guerra.

Nella guerra la nonviolenza

Un ospedale è sempre un osservatorio privilegiato per cogliere i drammi e le sofferenze della gente. Come medico al Lacor, Matthew Lukwiya ha la possibilità di conoscere, confrontarsi e condividere il dramma della guerra che dal 1986 lacera il Nord Uganda. Ogni giorno vede con i suoi occhi feriti, morti, mutilati dalle mine antiuomo, donne violentate, le sofferenze fisiche e morali di chi vive nei campi per i profughi e per gli sfollati, la devastazione dei ragazzi e delle ragazze rapiti e addestrati alla guerra.

Lo stesso ospedale conosce il saccheggio, la paura, la minaccia, il fuoco incrociato delle parti in lotta. Durante

Giro di visita al St. Mary's Lacor Hospital.

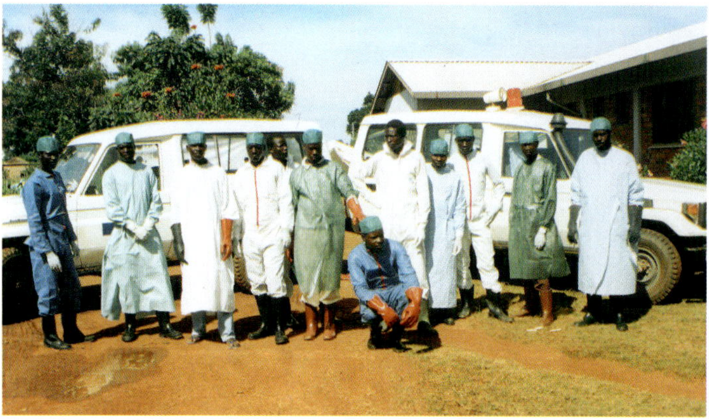

Personale sanitario del St. Mary's Lacor Hospital.

la notte offre rifugio a migliaia di persone in cerca di sicurezza, con tutti i disagi che ciò comporta per una struttura già sovraffollata di malati. Il dottor Matthew non abbandona mai l'ospedale, rimane sempre sulla breccia, anche quando tutti i medici ugandesi e stranieri, tranne i Corti, l'abbandonano per motivi di sicurezza. Una bomba raggiunge la sua casa, ma fortunatamente non esplode. Spesso sarà lui a trattare con i ribelli e i militari.

Un giorno i guerriglieri rapiscono un gruppo di infermieri e altro personale ospedaliero. Lui si presenta davanti a loro per offrirsi in ostaggio in cambio della liberazione degli altri. Lo scambio viene accettato e Matthew rimane nelle loro mani per una settimana, poi viene rilasciato.

Quando ci incontriamo, la guerra è uno degli argomenti inevitabili. Sul volto del dottor Matthew è dipinto tutto il dolore della sua gente, l'indignazione per le gravi violazioni dei diritti umani, per l'omertà e la complicità di chi calpesta la vita di un popolo per giochi di potere, la rabbia per le complicità internazionali e, in particolare, dell'Occidente. Le interviste da lui concesse denunciano

precise responsabilità, la falsità delle dichiarazioni ufficiali circa i veri mandanti della guerra, il senso di impotenza di fronte alla complessità della situazione.
Amante della verità e della libertà, non faceva mistero delle sue convinzioni anche se lo esponevano a grossi rischi personali. A volte mi raccontava i suoi confronti schietti e aperti con persone che avevano grosse responsabilità. Persa la speranza nel potere politico dopo tante promesse illusorie, contrario all'uso militare per la soluzione dei problemi, spesso mi parlava del ruolo che le Chiese avrebbero dovuto avere nel guidare la gente verso cammini di liberazione. «Le Chiese», mi diceva, «hanno in mano strumenti importanti ed efficaci: le metodologie nonviolente. Per la gente, che in questi anni ha sperimentato gli sforzi fatti nel campo della solidarietà e della promozione umana, esse sono credibili. Se ora non saranno in grado di operare in modo più incisivo, coordinato ed efficace, anche se ciò dovesse significare rischiare e anche pagare con la vita, perderanno di credibilità. La guerra finirà, ma l'evangelizzazione dovrà essere riavviata».

«Quando ci incontriamo, la guerra è uno degli argomenti inevitabili. Sul volto del dottor Matthew è dipinto tutto il dolore della sua gente, l'indignazione per le gravi violazioni dei diritti umani, per l'omertà e la complicità di chi calpesta la vita di un popolo per giochi di potere»

Costruire la pace nella giustizia

Un giorno mi confida: «Sai, suor Dorina, mi capita spesso di ripensare alla nostra presenza, al nostro ruolo in questo momento storico. Viviamo una situazione di guerra che ha prodotto danni enormi. C'è chi parla di trecentomila morti. Trecentocinquantamila *acholi,* la metà del numero complessivo, vivono in condizioni disumane nei "villaggi protetti".[1] Stiamo assistendo alla distruzione del patrimonio culturale, sociale e morale della nostra gente. Circa diecimila ragazzi sono stati presi con la forza, addestrati e avviati alla guerra, con tutte le esperienze traumatiche che questo comporta. Molte donne sono state violentate. La violenza genera violenza in tutte le forme possibili. Siamo in tanti a poter fare del nostro meglio per ridurre l'impatto di questo dramma soprattutto sui più poveri ed emarginati, quelli più esposti alla violenza».
«Scuole, ospedali, parrocchie funzionano con una certa regolarità», prosegue. «Oggi un'incursione distrugge quanto abbiamo costruito, domani noi ricominciamo a costruire e programmare le nostre attività. Ma questa parvenza di normalità finisce, in qualche modo, per mascherare o attutire la brutalità e disumanità di questa guerra. Spesso mi chiedo che senso abbia continuare a curare giorno e notte le vittime delle mine antiuomo,

[1] Campi per sfollati.

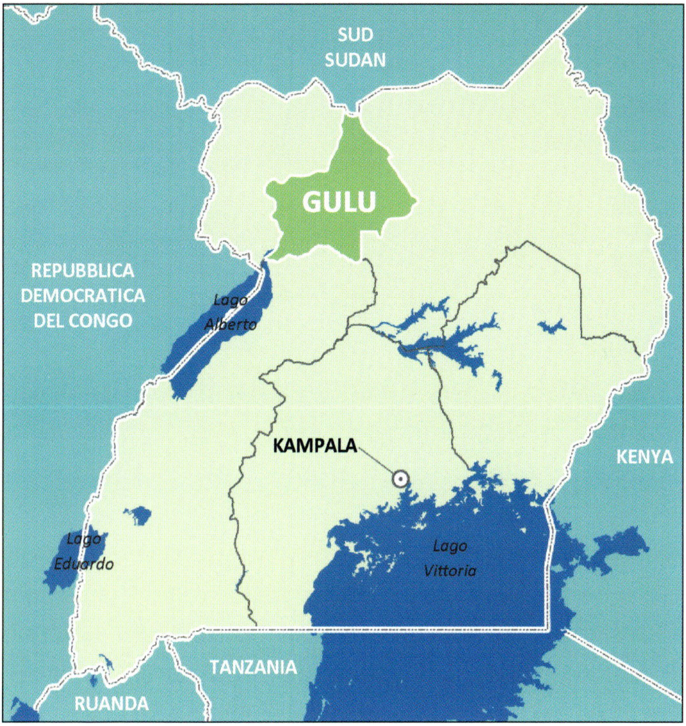

Cartina dell'Uganda. Evidenziato il distretto di Gulu.

sapendo che la macchina bellica continuerà a produrre nuove vittime e distruzioni. Ecco il dilemma che mi tormenta. A volte vorrei avere il coraggio di gridare "basta!", smettere ogni attività e lavorare unicamente per la pace. Tutti noi che operiamo in zona *acholi* sperimentiamo questa ambiguità che a volte rasenta l'ipocrisia o la cecità. Se potessimo unire le energie, coinvolgere tutta la gente, fermare le attività e puntare unicamente alla pace, cercando di scuotere la coscienza nazionale e internazionale, allora forse riusciremmo a creare una pressione politica tale da portare a una rapida soluzione del conflitto».

Ecco perché lui caldeggiava e partecipava a ogni attività per la pace come le marce, le preghiere ecumeniche, i

L'esodo dei profughi *acholi* a causa della guerra.

seminari di studio e lavoro. Tutto ciò che potesse creare coesione e unità fra le diverse denominazioni religiose. Un giorno gli dico che a Kitgum cattolici e anglicani hanno organizzato un convegno di tre giorni sul tema «Giustizia e pace» e lo invitano a essere uno dei relatori. Il suo volto s'illumina e dice: «Sono quattro anni che non riesco a prendermi un giorno di vacanza e di riposo, ma ti assicuro che per questo incontro farò di tutto per rendermi libero e partecipare».
In quell'anno (1997) le Chiese cattolica e anglicana organizzano assieme la *Via Crucis* del Venerdì Santo. Una pesante croce di legno viene portata a spalla da un gruppo di persone. Si parte dall'ospedale, si passa tra le case e nei luoghi più colpiti dalla violenza della guerra e si arriva in cattedrale. Matthew è il primo a offrirsi di portare la croce.

Affabilità
e fortezza

Il dottor Matthew è una persona semplice, umile, aperta e accogliente. Il suo abituale sorriso e la sua cordiale affabilità non nascondono la forte personalità, la dirittura morale, il senso della giustizia e un grande amore per la pace. Spiccano, in lui, il senso di responsabilità e l'impegno generoso e disinteressato. Non agisce mai per tornaconto personale. Sa essere credibile e avvincente per-

Piero Corti e Matthew Lukwiya in Canada.

ché, per primo, vive quello che chiede agli altri, e quanto dice viene sempre dal profondo del cuore, senza falsità. Ha una capacità innata di gestire conflitti, sdrammatizzare situazioni di forte tensione, guardare e valorizzare gli aspetti positivi della realtà. Sa essere molto comprensivo, umano, rispettoso, ma contemporaneamente è un educatore esigente con il personale e un professionista intransigente, per offrire sempre il meglio. Il suo atteggiamento dimesso, semplice, nasconde un gigante, un uomo dalla statura eccezionale, come lo definirà l'arcivescovo di Gulu, monsignor John Baptist Odama.
Al Lacor ha l'occasione di scambiare opinioni con vari giornalisti, volontari di diverse nazionalità, esperti desiderosi di dare un contributo professionale per lo sviluppo della zona, missionari.
Il desiderio di bene e di servizio è un grande valore, ma a volte Matthew non nasconde la sua amarezza per la superficialità dei giudizi, la ristrettezza degli schemi di lettura della situazione, la mancanza di sensibilità e compassione per la sofferenza sopportata con grande dignità dalla gente.
Mi dice: «A volte vedo davvero tanta buona volontà di aiutare. Ci sono persone disposte a rischiare la propria vita, ma non riesco a cogliere in loro l'amore. Nessuna capacità o desiderio di immergersi nella nostra realtà e accoglierla e amarla evitando giudizi falsi e conclusioni fuorvianti». È il concetto che san Paolo esprime molto bene quando scrive: «E se anche dessi in cibo tutti i miei beni e consegnassi il mio corpo per averne vanto, ma non avessi la carità, a nulla mi servirebbe…» (*1Cor* 13,3).
Vivevo queste sue confidenze come una grande sfida e con sofferenza per la gravità dei richiami. Come dono di un fuoco che brucia per purificarci e liberare in noi la preziosità, come si fa con l'oro.

L'Ebola, grande sfida

Nell'agosto 2000 il dottor Matthew consegue una nuova specializzazione in Sanità pubblica all'Università di Makerere, Kampala.
Rientra a Gulu alla fine di settembre e si trova ad affrontare una enorme sfida. Nel giro di pochi giorni un male misterioso uccide tre allieve infermiere e due infermiere generiche. Il dottor Matthew ipotizza che si tratti di Ebola. Parte immediatamente per Kampala, lancia l'allarme alle autorità sanitarie del Paese e coinvolge organizzazioni internazionali.

Prevenzione in un villaggio del distretto di Gulu.

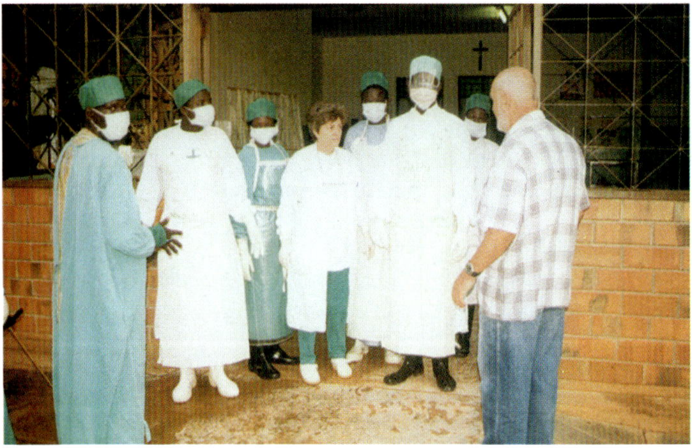

Lacor Hospital, 2000: l'entrata del reparto di Ebola.

Grazie alla sua competenza professionale, Matthew viene subito creduto e i campioni di sangue inviati in Sudafrica per i controlli confermano la sua diagnosi.
In 24 ore il Lacor allestisce un reparto di isolamento secondo le direttive dell'Organizzazione mondiale della sanità (Oms), che diviene subito operativo, meritando l'apprezzamento degli esperti mondiali.
Lo stesso avviene col lavoro sul territorio, grazie a un comitato di distretto che coordina gli interventi. Si moltiplicano le commissioni e gli impegni di Matthew. Il suo contributo è sempre molto apprezzato e preso in considerazione. Tutti gli riconoscono alta professionalità e conoscenza del contesto culturale e sociale. La sua presenza ad ogni incontro è considerata indispensabile.
Io mi trovo a Kampala quando giunge la notizia della nuova epidemia. Terminati, in tutta fretta, gli impegni più urgenti, parto per Gulu per visitare le sorelle delle due comunità che vi si trovano e offrire la mia disponibilità per questa emergenza.
Non è facile trovare Matthew, sempre preso dai suoi numerosi impegni. Dopo parecchi tentativi, finalmen-

te, ci incontriamo. Lo ringrazio per quanto sta facendo, gli porto i saluti di suor Aldina, nostra superiora provinciale, e l'assicurazione delle preghiere di tutte le nostre comunità. Mi ringrazia con il suo abituale sorriso e la sua cordialità, apprezza la mia presenza a Gulu e la disponibilità ad aiutare. Mi racconta come coinvolge il personale ospedaliero: in un incontro chiede la collaborazione volontaria per servire nel reparto Ebola. Si sa che la malattia è molto insidiosa per il personale sanitario. Durante l'epidemia in Congo/Zaire sono morti in sessanta tra personale medico e paramedico. Circa quaranta infermiere e due medici hanno già risposto al suo appello costituendo, così, un gruppo consistente, perciò aggiunge: «Non voglio esporre al contagio un numero di persone superiore allo stretto necessario; ti chiamerò in caso di necessità reale e ti sarò riconoscente se mi potrai aiutare».

Un giorno arriva la sua chiamata, mi presento in servizio. Mi introduce alla nuova realtà, trasmettendomi le poche e scarne conoscenze di questo terribile morbo. Mi spiega che l'Ebola è un male che colpisce di tanto in tanto qualche remoto angolo d'Africa, fa qualche centinaio di vittime e poi scompare. E che è difficile che l'Ebola possa interessare l'opinione pubblica, quindi far investire risorse nella ricerca e nella terapia. Non interessa perché non sarà mai un grosso affare commerciale.

Ma il pensiero di Matthew va nella direzione opposta. Per quanto sia difficile esplorare questa realtà, senza poter utilizzare la diagnostica di laboratorio per paura del contagio, bisogna saperne di più.

Tutto il peso sulle sue spalle

I nostri giri in reparto fra i malati di Ebola sono particolarmente impegnativi. Dobbiamo compiere un'osservazione e descrizione meticolosa e giornaliera di sintomi, segni, osservazioni, variazioni del quadro clinico, nel tentativo di aprire nuove vie di comprensione e terapia. Ci riuniamo settimanalmente con gli esperti sanitari mondiali presenti a Gulu per coordinare le attività e tentare di mettere a frutto le loro conoscenze scientifiche, intuizioni o ipotesi cliniche. A coronamento di tanta fatica, la mortalità tra i malati di Ebola nel nostro reparto era del 45% contro l'80-90% segnalato nelle precedenti epidemie in altri Paesi.

Non che per Matthew Lukwiya sia sempre tutto facile. A volte commenti superficiali, noti-

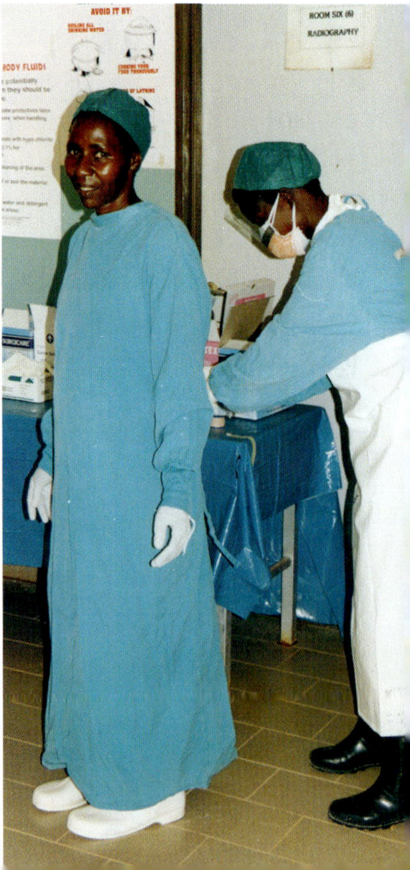

Un'infermiera indossa le difese precauzionali.

Rappresentanti dell'Oms all'arrivo a Gulu.

zie scorrette, pregiudizi e insinuazioni sulla validità del suo lavoro lo fanno soffrire. In uno degli incontri con gli esperti, dichiara: «Sono amareggiato e risentito per commenti fatti alle mie spalle e basati su notizie viziate, forse, da pregiudizi o superficialità. Credo che l'esposizione fondata su basi scientifiche del mio approccio clinico all'Ebola, e il dibattito che ne è seguito, abbiano chiarito ogni dubbio in proposito. Chiedo, per il futuro, più correttezza nelle relazioni fra di noi, più confronto aperto, leale e sincero. Sarò sempre disponibile per chiarimenti a chiunque abbia dubbi o perplessità, ma odio la disinformazione e la calunnia. Chiedo correttezza professionale come si conviene a gente del nostro livello, che sola può creare le basi per una collaborazione proficua e duratura». I presenti acconsentono, presentando le loro scuse.

L'indomani uno dei rappresentanti dell'Oms di Ginevra a Gulu mi dice: «Sono davvero spiacente per l'incidente di ieri. Vorrei che lei mi aiutasse a far capire al dottor Matthew quanto apprezziamo e valorizziamo la sua competenza professionale e la sua esperienza. È la prima volta che ci troviamo di fronte un uomo della sua statura. Spero che sia tutto chiarito e che continui a offrirci il suo prezioso contributo. È la prima volta che, in Africa, ci confrontiamo con un modo di affrontare la sanità a questo livello. Per noi è una grande sfida».

Il dottor Matthew è la persona che porta il carico più pesante di responsabilità e lavoro. Nonostante ciò sa essere molto attento alla realtà che lo circonda.

Un giorno devo andare in città per un impegno urgente, cosa che ritarderà il mio arrivo in corsia. Vado in ospedale per informare del contrattempo, incontro il dottor Yoti col quale mi accordo per il turno di lavoro. Sto per uscire quando ci raggiunge il dottor Matthew, accompagnato da alcune persone. Ci fermiamo per un breve scambio di saluti, poi il gruppo prosegue verso l'isolamento, mentre io devio per andare in città. Lui si accorge subito che non sono nel gruppo, si ferma, mi chiama e, venendomi incontro, mi chiede, non senza una nota di apprensione: «Qualcosa non va? Non vieni a lavorare con noi?». Gli assicuro che non ci sono problemi, mi scuso per non averlo informato, dicendogli che non volevo interrompere la sua conversazione con le persone che erano in sua compagnia. Con un sospiro di sollievo dice: «Va bene, va bene», e dopo una breve pausa aggiunge: «È dura, vero? Sì, lo so, è davvero duro continuare in questa situazione, ma cosa possiamo fare? Non siamo ancora alla fine, dobbiamo solo perseverare sostenendoci a vicenda».

Conoscere per servire meglio

In Matthew Lukwiya il desiderio di conoscere di più per servire meglio i malati non ha mai offuscato la lucida consapevolezza di esporre sé stesso e gli altri a un grande rischio. Nell'ultimo incontro con il personale in servizio nell'isolamento, una settimana prima di ammalarsi, ripete: «Vi prego, vi supplico di seguire tutte le istruzioni che avete ricevuto nel corso introduttivo. Secondo gli esperti dovrebbero garantirci una buona protezione. Dobbiamo stare sempre attenti, nonostante la stanchezza e la tensione. Dobbiamo aiutarci a vicenda, non solo vigilando sul nostro comportamento, ma anche su quello delle persone vicine a noi, correggendoci gli uni

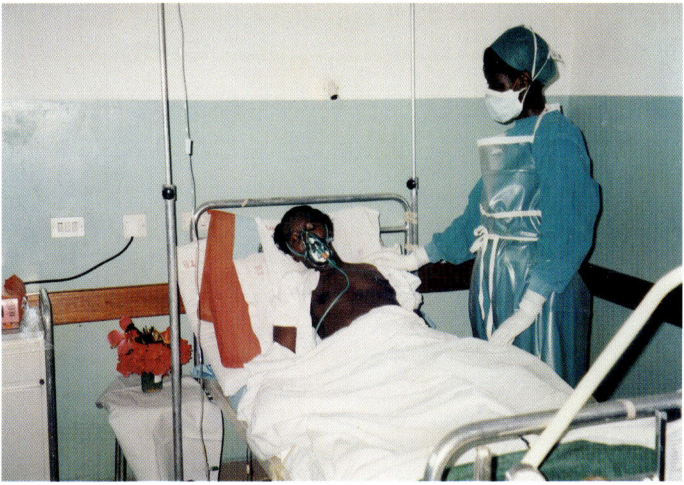

L'infermiera Grace Akullo assiste una malata di Ebola.

gli altri e accettando con semplicità e gratitudine quella parola, quel richiamo che può, forse, salvarci la vita. Davanti a noi abbiamo una grossa battaglia che, forse, sta per finire, ma non ne siamo sicuri. Per vincere una guerra ci vogliono strategie chiare. Vi invito a superare questioni personali o incomprensioni che distruggono le nostre energie, per impiegare meglio le nostre risorse coltivando l'unità, la collaborazione, l'amicizia, il sostegno reciproco, la correzione fraterna, leale e corretta. Guardate ai medici che lavorano con me. Non è forse un gruppo unito nel quale tutte le energie e i doni di ciascuno sono al servizio di tutti? È l'esempio che vi metto davanti».

«Non potete immaginare quanto mi siate cari», dice il dottor Matthew. «Il vostro viso è impresso dentro di me. Siete quanto ho di più prezioso in questo momento. Senza di voi non avrei potuto fare nulla, per questo la vostra vita ha un valore inestimabile per me e per gli altri che aspettano il nostro servizio. Noi, con il nostro sacrificio, abbiamo salvato molte vite umane. Abbiamo

«Il vostro viso è impresso dentro di me» (M. Lukwiya al personale, poco prima di ammalarsi).

«Dobbiamo aiutarci a vicenda, non solo vigilando sul nostro comportamento, ma anche su quello delle persone vicine a noi»

anche impedito che ne venissero infettate molte altre, le statistiche parlano di cinque nuovi casi per ogni infetto non curato. Abbiamo ridotto l'impatto drammatico di questa tragedia. Questo servizio prezioso potrà continuare se proteggeremo le nostre vite compiendo ogni sforzo possibile. Non potete immaginare la mia sofferenza quando uno di voi si ammala o muore. Credo che nessuno abbia provato quello che ho sentito io in questi tempi».

E aggiunge: «La cura, la compassione che vogliamo dare al malato deve passare dalla nostra testa. Ogni gesto che facciamo deve essere ponderato attentamente e valutato nelle sue implicazioni. Il gesto impulsivo può essere molto pericoloso per noi e per gli altri. Il cuore da solo può creare danni».

E così conclude quell'ultimo incontro: «Possiamo essere stanchi, avviliti per la morte di persone care, possiamo avere paura in quanto esseri umani e possiamo considerare, in ogni momento, la possibilità di andarcene. Abbiamo la libertà di scegliere, nessuno ci può trattenere contro la nostra volontà. Allora riposerebbe il nostro corpo, ma non il nostro spirito. Sapremmo che potevamo offrire un aiuto a chi era disperato e non l'abbiamo fatto. Se io lasciassi in questo momento, non potrei più esercitare la professione medica nella mia vita. Non avrebbe più senso per me».

Martiri della carità

Circa un mese prima, dopo la messa funebre di suor Pierina Asienzo, delle Piccole Sorelle di Maria Immacolata, morta di Ebola mentre assisteva i malati dell'ospedale governativo di Gulu, era stato invitato a rivolgere una parola ai presenti. Dopo aver ricordato la sua personale amicizia con suor Pierina, la stima per la sua preparazione professionale e per il suo spirito di dedizione, prosegue: «Noi del St. Mary's Lacor Hospital abbiamo attraversato molti momenti difficili: guerra, guerriglia, saccheggio, distruzione, epidemie, e ogni volta siamo stati in grado di rispondere con tutte le nostre energie e vincere. Pensavamo che non ci fosse niente di peggio di quello che avevamo già vissuto, ma non avevamo fatto i conti con l'Ebola. Il

Suor Pierina Asienzo.

«Daniel, in punto di morte, ha ringraziato per tutto quello che aveva ricevuto durante la sua permanenza alla scuola infermieri e ha aggiunto: "Io sto per morire, ma voi continuate con coraggio, è troppo importante il nostro lavoro"»

male è terribile: colpisce in poco tempo quasi tutti gli organi, il dolore è lacerante, la mente rimane lucida fino alla fine nella maggioranza dei casi. È per questo che è importante il lavoro del personale sanitario. Ridurre la sofferenza, curare, per quanto possibile, la malattia e controllare il contagio è il nostro obiettivo».

«Da quando è iniziata l'epidemia», confessa il dottor Matthew, «sto facendo una riflessione che dà una svolta alla mia vita. Riguarda la comprensione della professione medica. Forse, quando la scegliamo, lo facciamo per prestigio personale, perché siamo intelligenti o perché vogliamo salvare vite umane. Oggi capisco che è una vocazione, una chiamata da Dio e che il servizio alla vita è inscindibile dalla disponibilità a donare la propria vita. Sono consapevole del rischio attuale nell'esercizio della professione medica, ma ho fatto la mia scelta e non mi tiro indietro. La mia vita è cambiata, non sarà più come prima. A illuminare questa decisione c'è anche l'esempio del nostro personale morto di Ebola. Sono tutte persone giovani, all'inizio della loro carriera, con un futuro davanti, sogni da realizzare e, all'improvviso, si trovano di fronte alla morte. Mai una parola di rimpianto, di risentimento o di pentimento per aver scelto una professione

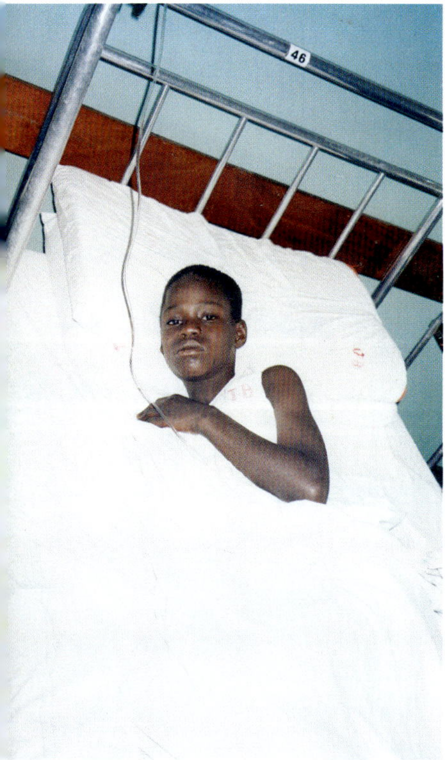
Un giovane paziente ricoverato al Lacor Hospital.

così rischiosa. Hanno accettato con serenità la tragica realtà. Daniel, in punto di morte, ha ringraziato per tutto quello che aveva ricevuto durante la sua permanenza alla scuola infermieri e ha aggiunto: "Io sto per morire, ma voi continuate con coraggio, è troppo importante il nostro lavoro". Sono tutti martiri della carità».

Il personale occupa un posto privilegiato nel cuore di Matthew. Quando suor Pierina muore, sono presente. Nel vedere che la sua vita è ormai alla fine, il personale in servizio si raduna nella sua stanza e inizia a pregare e cantare con voce sommessa. Quando spira, dopo i primi momenti di commozione, riprendiamo a pregare. Una giovane infermiera dice: «Dicono che tu sei il Signore della vita. Questo, per noi, è un momento difficile. Non capiamo perché tu non abbia salvato una che si è donata per amore… Signore, noi, questa notte, ti vogliamo celebrare come il Signore della vita, rendiamo lode al tuo nome, ti glorifichiamo, ti lodiamo Signore della vita!». Mi guardo intorno, sono tutti ragazzi giovani, vivono questo mistero di morte e di vita in modo così toccante…

Preghiere per Simon

L'infermiera Grace Akullo.

Al mattino condivido con il dottor Matthew questa esperienza, e lui commenta: «Sai, Dorina, se guardiamo con gli occhi della fede, ci rendiamo conto che qualcosa di grande sta avvenendo attorno a noi e noi ne siamo testimoni. Per ora lo intravediamo solo in modo confuso. Stiamo vivendo un lungo venerdì di passione, ma incominciamo a scorgere la luce di Pasqua… Mai come ora ho capito l'importanza del nostro personale. Le cose straordinarie che può fare se motivato, incoraggiato, sostenuto. Dobbiamo investirci di più. È la sfida che ci attende per il futuro. Ammiro la generosità con cui il personale più giovane ha risposto, ma sento la responsabilità della loro scelta. Mi chiedo spesso, Dorina, fino a che punto siano davvero consapevoli

L'infermiere Simon Ajok.

della decisione presa. Io e te conosciamo pienamente la realtà. Alla nostra età abbiamo un livello di maturità che ci consente di sapere perché siamo qui, e siamo in grado di assumerci la responsabilità del nostro gesto, ma loro... Sono molto preoccupato. Per questo è importante che stiamo loro molto vicini per ascoltarli, capirli e aiutarli».
Considerando, poi, che poche persone della nostra età avevano risposto positivamente all'appello, diceva: «Mi piacerebbe che la generosità, lo spirito di dedizione non fossero solo una scelta dei primi anni di professione, ma uno stile di lavoro e d'impegno che si protrae nel tempo. Le motivazioni al servizio non sono scontate né automatiche. Sono frutto di un processo di crescita che va coltivato... Dopo l'Ebola tutti questi aspetti andranno attentamente valutati».
Poi si ammala l'infermiera Grace Akullo. Muore lasciandoci come ultimo messaggio i suoi canti di lode a Dio e la gioia dell'annuncio, così importante per lei che si sentiva evangelizzatrice. Quindi è la volta dell'infermiere Simon Ajok. Arriva nel nostro reparto in condizioni gravi. Il quadro clinico peggiora rapidamente. Verso sera viene la moglie e dice che desidera che Jo-

seph, un laboratorista dell'ospedale e grande amico di Simon, lo possa incontrare prima che sia troppo tardi. Lo accompagno seguendo le normali procedure. Joseph fa una lunga, toccante preghiera di intercessione per la guarigione, con molte citazioni bibliche, in particolare salmi. Alla fine conclude dicendo: «Simon, stiamo tutti pregando per il miracolo della tua guarigione. Tu sei cristiano e cattolico, devi vivere questo momento della malattia e della morte, se il Signore ti chiamerà, secondo la tua fede. Devi essere un testimone, in questa realtà, di quello che credi. Il Signore ti darà la forza. Se tu sei d'accordo, io ti suggerisco di chiamare il padre». Simon ascolta in silenzio, a occhi chiusi. Con il capo accenna di acconsentire e chiede il sacerdote per ricevere i sacramenti. Quella sera rimango fino a tardi con lui.
Mentre guardo il suo viso così buono e dolce mi ricordo quello che la nostra sorella, suor Akberet, che lavorava con lui, diceva spesso: «Simon è uno dei migliori infermieri che io abbia mai incontrato. Sempre pronto ad aiutare chi è nel bisogno, è il primo a prendersi cura dei casi più disperati che abbiamo in reparto».

***«Se guardiamo
con gli occhi della fede,
ci rendiamo conto
che qualcosa di grande
sta avvenendo attorno a noi
e noi ne siamo testimoni»***

L'esperienza più drammatica

A sera tardi, prima di lasciarlo, gli dico: «Simon, è un momento difficile, ma il Signore non ci abbandona in queste situazioni». Lui stringe fra le mani il rosario che ha chiesto, e risponde: «Sapessi, suor Dorina, com'è vero. Io lo sento così vicino!». Simon muore quella stessa notte, assistito, fino alla fine, dal dottor Matthew che ha sempre ripetuto che non avrebbe mai abbandonato il suo personale. Dopo quella morte il dottore piange, con tutti i colleghi in servizio, la perdita di una persona così cara e così valida. Al mattino mi confida: «Suor Dorina, questa è stata l'esperienza più drammatica della mia vita».

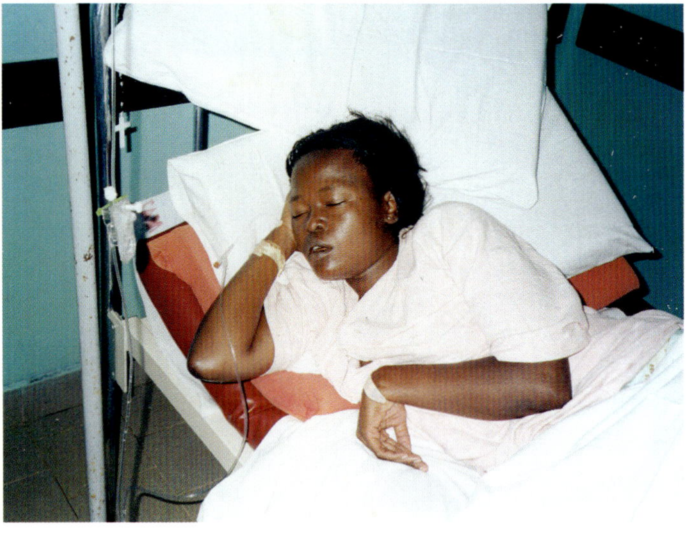

L'infermiera Immacolata.

«So che Dio è presente in tutto quello che ci succede. Questa è la mia forza»

Il giorno dopo, mentre mi reco al lavoro, incontro la moglie di Simon, Federica, anche lei infermiera dell'ospedale. Mi sento così a disagio, senza parole… So quanto si amavano. Erano conosciuti come una delle coppie più unite. Lei, forse, intuisce la mia difficoltà e mi chiama: «Suor Dorina, voglio ringraziarti per essere venuta a lavorare nel reparto Ebola. Grazie per aver fatto tutto il possibile per mio marito». Rispondo: «Non puoi immaginare quanto sia addolorata per quanto è successo». Lei riprende: «So che Dio è presente in tutto quello che ci succede. Questa è la mia forza. Sono sicura che Simon mi aiuterà dal cielo. Abbiamo ancora una grande responsabilità: una grande famiglia da portare avanti… Sono sicura che il Signore mi aiuterà, questo mi dà un grande senso di pace».
Poi si ammala Immacolata, l'infermiera che lavorava in maternità. È da poco arrivata nel nostro reparto e mi fermo a parlare un po' con lei. Non l'avevo mai conosciuta, ma lei sa molto su di me. Mi racconta che viene da una famiglia profondamente cattolica e che desidera ricevere la comunione ogni giorno. Mi chiede di chiamare il sacerdote. Si confessa e comunica. Il giorno dopo la sua morte incontro i genitori, sono loro a consolarmi dicendomi: «Sorella, siamo una famiglia cristiana e con questo spirito viviamo il nostro dolore. Ci sentiamo solidali con le tante vittime innocenti di questa tragedia».
Anche l'infermiera Hellen muore lasciando una testimo-

Sulla tomba di Grace nel cimitero dell'ospedale.

nianza toccante della propria fede. Un'ora prima della sua morte, a notte fonda, sapendo che ormai non c'è più nulla da fare, decido di andare a casa a riposare per qualche ora e poi ritornare. Lei è molto inquieta. Il dolore non passa nonostante gli analgesici. Non può più deglutire neppure una goccia d'acqua, non riesce a trovare una posizione per poter riposare. Le dico: «Hellen, vado per qualche ora a riposare, poi ritorno. Vuoi che facciamo una preghiera insieme?». Mi ringrazia. Per tutto il tempo della preghiera non si muove. Continuo a fissarla per cogliere ogni minimo segno di stanchezza. Niente, lei è così assorta che sembra vivere in un'altra dimensione. Mi commuove tanto da non riuscire a trattenere le lacrime. Alla fine mi ringrazia ancora con la finezza e gentilezza che non era mai venuta meno, neanche nei momenti più dolorosi.

Un'ora dopo, un infermiere bussa alla finestra della mia stanza per informarmi che Hellen è appena spirata.

Un dolore lacerante

Ogni morte è un dolore lacerante e inconsolabile, ma si deve continuare. A commento della loro dipartita, Matthew dice: «Ti ripeto, suor Dorina, che quello che stiamo vivendo è il progressivo manifestarsi di un grande mistero di luce. Stiamo davanti al martirio e alla santità. Non c'è altra definizione per quello che vediamo. Il loro sacrificio continuerà a motivare la nostra dedizione anche in futuro. Mi spiace che non si sia pensato di seppellirli in ospedale, magari vicino a Lucille, ma tutto è successo così rapidamente che non c'è stato tempo per pensare. La loro costante presenza fra noi ci avrebbe aiutato a fare memoria del vero spirito che deve animare il nostro servizio. Dopo l'Ebola dovremo considerare come valorizzare il loro sacrificio». Il dottor Matthew era un uomo profondamente spirituale e da quando era iniziata l'Ebola lo si trovava, ogni

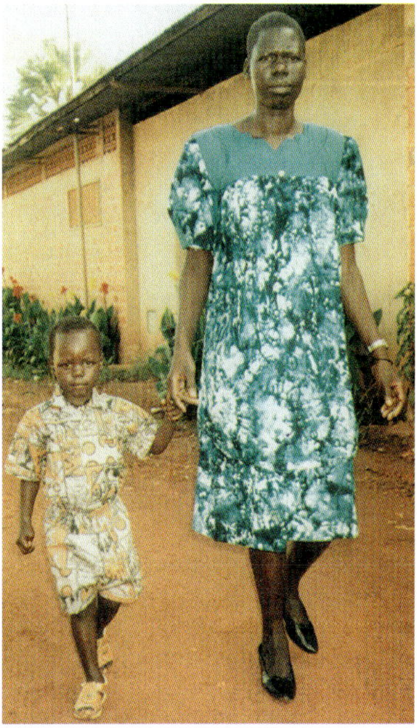

L'infermiera Santina Aryemo.

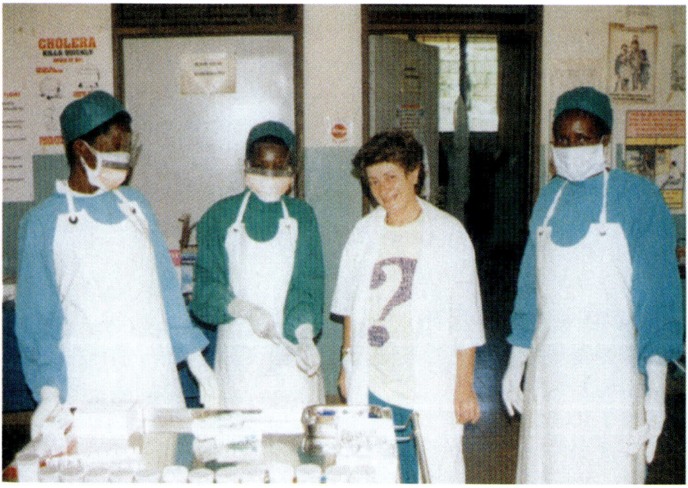

Personale in servizio al Lacor Hospital. Al centro la volontaria laica Maria De Santo.

sera, in ginocchio assorto in preghiera. Ma anche con i malati, durante il giro, si raccomandava spesso alle loro preghiere dicendo: «La vostra preghiera unita alla sofferenza è molto preziosa davanti al Signore e ha una forza superiore a tutte le nostre preghiere».

Nel 1994, quando sono venuta a Gulu per iniziare il lavoro con i malati di Aids, gli ho chiesto se avesse dei suggerimenti da darmi. Rispose: «Dal punto di vista medico abbiamo ancora poco da offrire, il maggior aiuto può essere quello spirituale, e tu sei la persona che lo può dare».

Il giorno seguente alla morte di due infermiere, Santina Aryemo e la già ricordata Immacolata, il personale si rifiuta di andare in servizio. Si chiama il dottor Matthew per un incontro. Io vado nel reparto di isolamento in attesa di vedere gli sviluppi… Dopo un po' arrivano gli infermieri. Chiedo a uno di loro, Bob, com'è andata, e mi risponde: «Il nostro dottor Matthew è molto bravo. Ci ha ascoltato, ci ha capito, ha risposto alle nostre domande e con le sue parole ci ha incoraggiati a conti-

nuare e perseverare. Ora ritorniamo tutti in servizio. È davvero molto bravo!».
Quando lo incontro, Matthew mi dice: «Anche questa nuova crisi si è risolta bene, ma dovremo aspettarci ancora momenti difficili. Io sono deciso ad andare in reparto, a pulire anche i pavimenti e poi fare il giro, ma non mollerò mai!».
Dall'inizio dell'epidemia è in reparto ogni giorno. Se ha molti altri impegni, magari arriva tardi, di sera, ma sempre controlla di persona la situazione. Se c'è qualcuno del personale ricoverato, allora le sue visite sono frequenti, anche di notte. Per quanto possibile vuol essere presente al giro dei medici in reparto, ma se proprio non può, esige di essere informato. Conosce i malati per nome; oltre all'anamnesi clinica sa anche qualcosa della storia personale di ciascuno di loro ed è molto attento a quello che vivono dal punto di vista spirituale e psicologico.

«La vostra preghiera
unita alla sofferenza
è molto preziosa
davanti al Signore
e ha una forza superiore
a tutte le nostre preghiere»

«Io sarò l'ultimo»

Un giorno appaiono anche per lui, insidiosi, i primi sintomi.
Sono molto vaghi e quindi si spera in una malattia banale, nonostante la comprensibile apprensione. Gli esami di laboratorio parlano di malaria, ed è per tutti un sollievo momentaneo. Il persistere della febbre induce a fare il test per l'Ebola: è positivo. Sdrammatizzare ed essere ottimista fa parte del carattere del dottor Matthew, che fa del suo meglio per ridurre lo sgomento generale. Con il suo abituale sorriso mi dice: «Suor Dorina, chi mai potrà capire i piani del Signore!?», e aggiunge subito,

Piero e Lucille Corti con Matthew Lukwiya in un momento di relax fuori dal Lacor Hospital.

«Voglio essere come Gesù che ha compiuto solo del bene e ha perdonato quanti gli hanno fatto del male»

con apprensione: «Vi raccomando, state molto vicini al dottor Corti, ne ha molto bisogno in questo momento». Trasferito nel reparto di isolamento durante la notte, esclama: «Mio Dio, mio Dio, morirò di Ebola nel mio servizio, ma voglio essere l'ultimo». Continua con un inno che recita:
«Avanti con la Croce di Cristo… Gesù, nostro Signore, ci guiderà contro il nemico, fin dentro la battaglia… Avanza la Chiesa di Cristo: fratelli, noi camminiamo sulle orme dei santi; non siamo divisi, ma un solo corpo, uniti nella fede, nello Spirito, nell'eternità».
Prosegue con un altro canto: «Voglio essere come Gesù, umile; non ha mai detto niente di male, non ha mai offeso nessuno. Voglio essere come Gesù, che si alzava presto al mattino per salire solo sul monte e stare con il Padre. Voglio essere come Gesù che ha compiuto solo del bene e ha perdonato quanti gli hanno fatto del male. Voglio essere come Gesù che ha detto a tutti gli uomini: "Venite, figli miei, al mio cuore". Io oggi vengo a te. Non sono ancora come te, Gesù, c'è ancora del male in me. O Gesù, dammi la tua grazia perché io possa essere come te». In seguito la madre di Matthew mi raccontò che lui aveva scelto questo inno fin da bambino, come programma di vita. La mamma aveva radunato i suoi figli dopo la morte del marito e li aveva invitati a scegliere ciascuno un canto particolarmente significativo. Matthew aveva scelto quello.

Se tu vuoi, puoi guarirlo

Il quadro clinico di Matthew peggiora rapidamente. Lo segue un'équipe medica che si riunisce due volte al giorno per valutare il decorso. Si offrono anche esperti di rianimazione dell'Oms.

Lui segue ogni discussione e decisione. Chiede di vedere le proprie lastre, vuole conoscere il risultato dei suoi esami e fa commenti e proposte. Dice: «Ora io sono solo un paziente, tocca a voi decidere». Il dottor Matthew vuole conservare fino in fondo la sua lucida presenza, quasi a vivere con intensità ogni momento che gli rimane.

La domenica mattina, dopo il consueto giro con i medici, mi fermo un momento per dire: «Coraggio, dottor Matthew, tante persone e gruppi stanno pregando per la tua guarigione». Risponde: «Grazie, quando la gente prega è la voce di Dio». Poi gli ricordo che anche tutte le nostre comunità sono in preghiera. Riprende: «Ringrazia suor Aldina e le sorelle. E voglio che tu dica a suor Lina che per me è stata una vera madre, con tutto quello che questo nome significa».

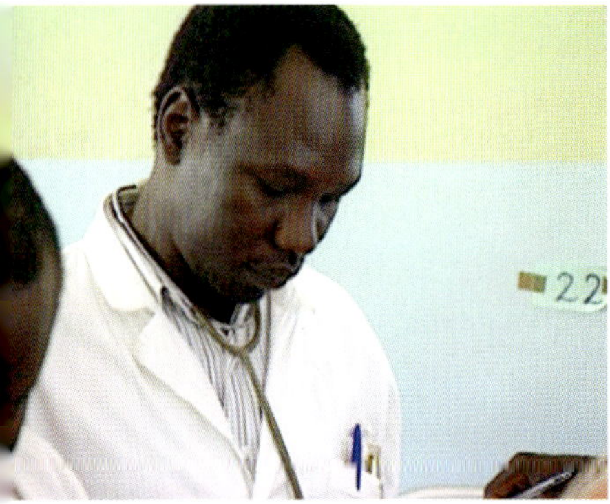

«Coraggio, dottor Matthew...».

Funerali di Matthew Lukwiya. Da sinistra a destra: la madre, la moglie e i figli.

In pochi giorni la malattia gli toglie le forze. Parla a stento, il dolore è stampato sul suo viso. Per noi, suoi stretti collaboratori, è difficile reggere a tanta sofferenza. Tutto accade in modo così rapido e inaspettato che non esistono parole di consolazione. Guardandolo mi vengono in mente i versetti di Isaia 53,3: «Uomo dei dolori che ben conosce il patire, come uno davanti al quale ci si copre la faccia».

«Il dottor Matthew vuole conservare fino in fondo la sua lucida presenza, quasi a vivere con intensità ogni momento che gli rimane»

Il sabato pomeriggio Matthew dice al dottor Yoti: «Sono pronto a tutto, ma sarò l'ultimo a morire di Ebola». Poi chiede il notaio per firmare il suo testamento. Nonostante gli sforzi, la situazione precipita rapidamente. Iniziano contatti febbrili con esperti a livello mondiale per un'eventuale consulenza. Ma la domenica pomeriggio del 3 dicembre è chiaro che ormai è questione di ore. Non si può più aspettare: l'unica speranza è quella di intubarlo, sotto anestesia generale, per tentare di migliorare la funzionalità respiratoria. La decisione è difficile, ma inevitabile. Anche lui è coinvolto nella valutazione e accetta. Lotta disperatamente con tutte le energie, per vivere.
Chiamiamo sua moglie, che fa una toccante preghiera: «Dio Onnipotente, fin dall'inizio della storia dell'umanità, tu hai compiuto per noi grandi cose. Hai scelto un popolo, lo hai liberato, hai diviso le acque del Mar Rosso, hai dato la forza a Mosè, hai ispirato i profeti… Signore Gesù, nel tempo in cui eri con noi hai risuscitato il figlio morto della vedova di Naim, hai guarito ciechi, lebbrosi, paralitici… Stendi, oggi, la tua mano sul nostro fratello Matthew! Se tu vuoi, puoi guarirlo… Ma sia fatta la tua volontà». Arriva la madre. Anche lei fa una preghiera di supplica e di abbandono nel Signore. Poi cominciano i preparativi.

Nel suo sguardo l'ultimo dono

Il dottor Matthew viene aiutato a salire sul lettino dove sarà anestetizzato. Si siede con grande fatica e si guarda intorno. Sa bene che quello potrebbe essere il suo ultimo sguardo su questa realtà terrena. Gli anestesisti stanno ultimando i preparativi. Lui si gira a guardare, per un ultimo saluto, quelli che sono stati i suoi più stretti collaboratori nel reparto dell'Ebola. È un momento di intenso dolore. Avremmo desiderato abbracciarlo per un commiato definitivo, ma non è possibile. Il nostro apparato protettivo è come una barriera fra lui e noi. Ma il suo sguardo intenso e forte sembra abbattere ogni ostacolo. Quando incrocio il suo sguardo profondo e penetrante, mi sembra di non poter reggere il dolore.

La tomba di Matthew Lukwiya.

Mi viene in mente quanto avevamo condiviso poco prima della sua malattia a proposito di Grace: «Ricordi, Dorina, lo sguardo di Grace? Così penetrante che raggiungeva ogni profondità, e più eloquente di ogni parola. Non avevamo la forza di reggerlo, le lacrime solcavano il nostro volto. Lei non mollava, non ci toglieva gli occhi di dosso».

Ci guardiamo a lungo, in silenzio: è il suo ultimo messaggio, il suo grande dono prima della «partenza». Si

Il St. Mary's Lacor Hospital ricorda Matthew Lukwiya, Lucille Teasdale e Piero Corti.

sdraia sul lettino. Con un filo di voce dice: «Vi prego di fare in fretta, se possibile. In questa posizione mi sento soffocare».

Da quel sonno non si è più risvegliato. Il martedì notte un'improvvisa emorragia polmonare stronca la sua vita. La moglie arriva prima che venga deposto nella bara, e dice una preghiera, espressione di grande fede e abbandono nel Signore: «Da questo momento, Signore, prenderai nella mia vita e in quella dei miei figli il posto che è sempre stato di Matthew. Tu sarai il nostro conforto, la nostra guida, la nostra forza».

Nel suo testamento aveva scritto di voler essere sepolto nel giardino dell'ospedale, davanti alla grotta della Madonna di Lourdes, accanto a Lucille: anche lei aveva dato la vita per curare i malati.

Mentre esco vedo gli operai che scavano la fossa, a pochi metri dalla nostra casa. Mi ricordo di qualche anno fa, quando noi comboniane lo avevamo invitato a partecipare a un nostro incontro. Nell'introduzione lo avevo ringraziato per la partecipazione e mi ero scusata per avergli chiesto del tempo, così prezioso, considerati i suoi gravosi impegni. Con il suo abituale sorriso aveva risposto: «Non c'è bisogno di scuse. Per me è un onore essere presente a questo incontro. Io sono nato nelle mani di una *Comboni sister* che ha assistito mia madre durante il parto. Mi avete accolto all'inizio della mia vita, ho lavorato con voi, mi sento molto legato alla vostra famiglia da riconoscenza e gratitudine».

Ora il dottor Matthew sarà sempre qui vicino a noi. Non ci poteva essere fatto dono più grande! Possa la forza del suo esempio, la presenza del suo spirito fra noi, aiutarci a tracciare la via delle scelte profetiche che lui è stato capace di fare.

Testimonianze

Una parola nuova

Christophe Pierre*

Ottobre 2000. A Gulu, una cittadina del Nord Uganda, già dilaniata da una lunga guerra, si abbatte il ciclone dell'Ebola con tutta la sua furia devastante. L'ospedale missionario cattolico St. Mary's Lacor si trova in prima linea. È lì che viene fatta la diagnosi di questo terribile male, è lì che inizia la lotta disperata per contenere e fermare l'epidemia.

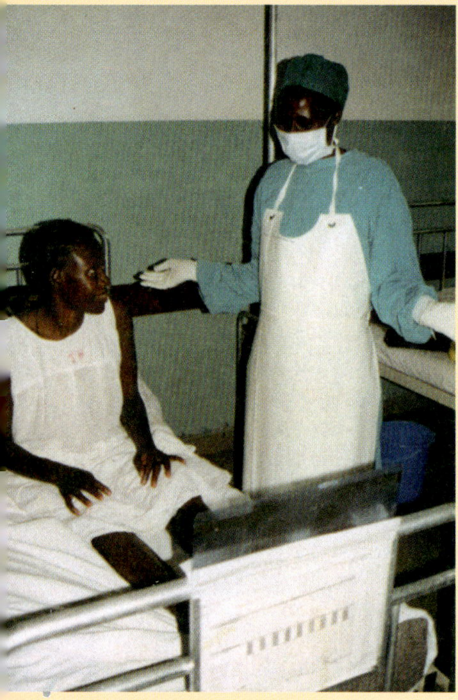

L'infermiera Irene Labwot prega con una malata.

È una storia forse come tante di questo Continente, ma all'improvviso diventa unica e balza alla cronaca internazionale. Sin dai primi momenti emerge la straordinaria figura di un giovane medico ugandese: il dottor Matthew Lukwiya, direttore sanitario dell'ospedale. Ma straordinario è anche il

* Arcivescovo cattolico francese, nunzio apostolico in Uganda all'epoca della morte di Matthew Lukwiya. Dal 2007 è nunzio apostolico in Messico.

A sinistra: Christophe Pierre, all'epoca nunzio apostolico, dopo il funerale di Matthew Lukwiya.

suo personale che accetterà in numero considerevole di servire volontariamente nel nuovo reparto dell'Ebola. La stampa nazionale e internazionale ha dato grande rilievo all'avvenimento, presentandone le diverse angolature, sviluppando gli aspetti medici e sociali ad esso collegati, ammirando la competenza professionale, il coraggio, la dedizione. Ma a raccontare questa vicenda è pur sempre qualcuno che guarda da fuori, da una certa distanza. È grazie a suor Dorina Tadiello, missionaria comboniana e medico, che si offre volontariamente di servire i malati di Ebola, che noi riusciamo a varcare la soglia misteriosa di questo inaccessibile reparto. È così che incontriamo i volti, ascoltiamo la voce dei protagonisti, siamo coinvolti emotivamente in una toccante storia di umanità e martirio.
Avanzando fino al cuore di questa esperienza, quasi all'improvviso si squarcia davanti a noi la coltre di oscurità che l'avvolge, fatta di tante vittime, di paura, di angoscia e dolore, per lasciare spazio a una luce misteriosa e potente.

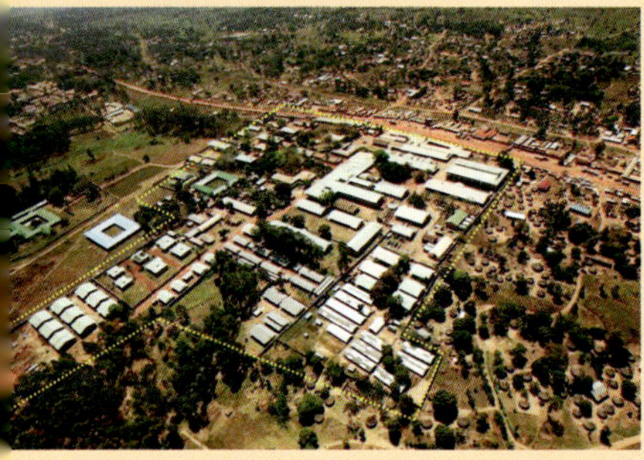

Il St. Mary's Lacor Hospital nel 1965 (sopra) e oggi.

È il dottor Lukwiya il primo a vedere e cogliere questa realtà.
Nella bufera che l'aveva travolto, sotto il peso delle responsabilità, nel ritmo sempre più insostenibile del lavoro, nel dolore cocente per la perdita del personale che tanto amava, ha saputo vedere con chiarezza la presenza misteriosa di Dio che guida la nostra vita e che sa compiere grandi cose in coloro che lo amano.
Nella morte di Daniele, Monica, suor Pierina, Grace e altri, sente che Dio è presente e gli rivela in modo nuovo le più alte dimensioni della sua professione medica: «... la continuazione del nostro servizio si arricchisce di nuove motivazioni ed energie. Da questo momento non potrà più essere come prima».
Nel 2000, Anno giubilare nel quale abbiamo rinnovato con forza anche la memoria dei primi martiri della Chiesa ugandese, abbiamo ricevuto il dono di una nuova luce che ha rischiarato il significato più profondo del grande Giubileo, ha incarnato l'amore che si dona senza riserve. Questi nuovi martiri della carità ci rendono visibile la forza ricreatrice dello Spirito presente in questa giovane Chiesa, che pur nel travaglio sta vivendo la sua ricca primavera. Con questa pagina di storia, Dio ci ha fatto dono di una Parola nuova, che vorrei restasse scritta a caratteri indelebili nel cuore di chi legge. Davvero un grande mistero di luce...

Una scelta particolare

John Baptist Odama*

Sono lieto di partecipare con queste parole alla testimonianza riportata da suor Dorina Tadiello in questo libro sulle vicende di Gulu durante il grande Giubileo del 2000.

Il Signore ha sempre operato nella storia attraverso una scelta particolare, sin dal giorno in cui ha chiamato Abramo all'inizio della storia del popolo ebraico, che è anche la nostra storia, una storia di salvezza che passa attraverso la Croce di Cristo e conduce alla vita nuova.

Il Signore ha scelto in un modo particolare il popolo dell'arcidiocesi di Gulu per una vocazione di sofferenza, soprattutto in questi ultimi quindici anni di una guerra che sembra senza senso e senza fine.

In mezzo a questa sofferenza ci è toccato di subirne un'altra, ancor più drammatica: quella dell'epidemia di Ebola. Tanti hanno chiesto al Signore se non ne avevamo già abbastanza. Ma, come ci ha insegnato il servo di Dio p. Giuseppe Ambrosoli, costretto ad abbandonare il suo ospedale di Kalongo, «il Signore non chiede mai troppo». Già abbiamo visto dei segni che ci dicono che la sofferenza e la morte danno luogo alla nascita di vita nuova.

Li abbiamo visti proprio all'interno di quest'ultima prova. La potenza di Gesù Cristo che distrugge la morte

* Arcivescovo cattolico di Gulu, Uganda.

Un momento del corteo di accompagnamento della salma di Matthew Lukwiya alla sepoltura.

si è rivelata attraverso la fede e la fiducia in Dio che lo Spirito Santo ha generato nei cuori di tanti: pazienti, personale medico e sanitario, parenti e sacerdoti.
La grande figura di Matthew Lukwiya è stata per tutti un grande segno di serietà, di intelligenza umana e cristiana e di sacrificio. Ma non era il solo. Era accompagnato da ogni parte da altri: medici, religiosi e religiose, ugandesi e stranieri, infermieri, semplici cristiani, che erano sorgente di coraggio l'uno per l'altro.
Ciò che ha reso possibile questo gesto di carità è stata prima di tutto la presenza del Figlio di Dio Gesù Cristo, che ormai abita in queste

John Baptiste Odama, arcivescovo cattolico di Gulu dal 1999.

*«È stato meraviglioso
come tante vittime hanno testimoniato,
sul punto di morte, di essere serene
e piene di fiducia, affidate nelle mani
del Padre Eterno»*

terre da un secolo, attraverso il suo Corpo, la Chiesa. La Chiesa ha sempre avuto una cura particolare per i più deboli e indifesi, come gli ammalati e gli abbandonati, e i missionari ci hanno trasmesso questa sensibilità cristiana. Quello che abbiamo visto è una grande grazia per noi che siamo qui e, grazie a questo libro, ora diventa una testimonianza per tutti i lettori.

È stato meraviglioso come tante vittime hanno testimoniato, sul punto di morte, di essere serene e piene di fiducia, affidate nelle mani del Padre Eterno, nonostante la miseria fisica in cui erano ridotte. Come dice san Giovanni: «Questa è la vittoria che trionfa nel mondo: la fede».

La loro testimonianza di amore e di servizio fino all'estremo sacrificio e la loro fede in Cristo sono una sfida per tutti noi.

Come Dio ha rivelato la sua potenza che ha trasformato la debolezza umana dei nostri fratelli, lo può fare anche in tutti noi. Tocca a ciascuno di noi, nella sua libertà, accettare la sfida. Così possiamo cambiare il mondo.

Un'eclissi di sole

Macleord Baker Ochola II*

Questo libro è un memoriale del dottor Matthew Lukwiya, direttore del Lacor Hospital e del personale ospedaliero deceduto di Ebola. La loro tragica morte, come un'eclisse di sole, ha gettato oscurità e dolore nel cuore di tutti quelli che li avevano conosciuti e amati. Quando è giunta questa inaspettata notizia, la vita di Gulu si è fermata, avvolta in un silenzio mortale. Tutti abbiamo fatto il lamento, come per la morte dell'unico figlio. Così canta un lamento acholi:

Oh! Il fuoco ha distrutto l'albero sempre verde
Oh! Il fuoco ha distrutto l'albero sempre verde
Oh! Il fuoco ha completamente consumato l'albero sempre verde
Se io avessi conosciuto la casa della madre della morte
Avrei combattuto la morte
Se avessi conosciuto la casa della madre della morte
l'avrei completamente distrutta
Oh! Quel fuoco che ha consumato l'albero sempre verde!

Ho conosciuto personalmente il dottor Matthew da bambino, giovane studente, medico, uomo di famiglia, ma soprattutto come cristiano. Aveva doni straordinari di intelligenza, umiltà e apertura di orizzonti e un grande amore verso ogni persona, senza differenze di colore

* Arcivescovo anglicano emerito di Kitgum, Uganda.

Il dolore del personale ospedaliero prima della sepoltura di Matthew Lukwiya.

e credo religioso. I suoi doni speciali gli avevano permesso di eccellere sia nella carriera accademica, sia nella vita in generale.
Ha sempre amato la sua famiglia con tenero affetto. Subito dopo la magnifica celebrazione del matrimonio nella cattedrale di St. Philip di Gulu, sua madre ha chiesto agli sposi di lasciare che il Signore Gesù fosse il Signore della loro vita matrimoniale.

Al centro, in primo piano: Macleord Baker Ochola II, arcivescovo anglicano emerito di Kitgum.

«La vita del dottor Matthew continua a essere una luce che risplende dai più alti livelli della professionalità sanitaria e continua a irradiarsi oltre il pungiglione della morte»

Il dottor Matthew era apprezzato per la sua rettitudine morale. Amava il suo lavoro, amava il personale con cui lavorava, specialmente i più giovani che l'hanno seguito fino alla morte, accolta insieme per rendere un servizio all'umanità.

Ho seguito anche il suo cammino spirituale nelle mie frequenti visite all'ospedale di Lacor e quando era all'università di Makerere per la sua ultima specializzazione. Come guida spirituale mi sentivo orgoglioso di lui, per la sua dedizione di credente e perché Cristo era il Signore della sua vita. È stato questo impegno che lo ha portato ad alti livelli di spiritualità e lo ha reso capace di leggere la sua professione medica come una vocazione ricevuta da Dio. Questa nuova comprensione gli ha fatto sentire tutta la responsabilità verso il personale esposto a così alto rischio, e allo stesso tempo così giovane e pieno di speranze per il futuro. Viveva come un dilemma il dubbio che non riuscissero a cogliere le dimensioni più alte della loro professione. In realtà loro capivano fino in fondo ciò che stavano vivendo, i rischi che correvano, e sono stati capaci di donazione totale, diventando i martiri del nostro tempo. La vita del dottor Matthew e quella del personale morto in servizio al tempo dell'Ebola continua a essere una luce che risplende dai più alti livelli della professionalità sanitaria e continua a irradiarsi oltre il pungiglione della morte.

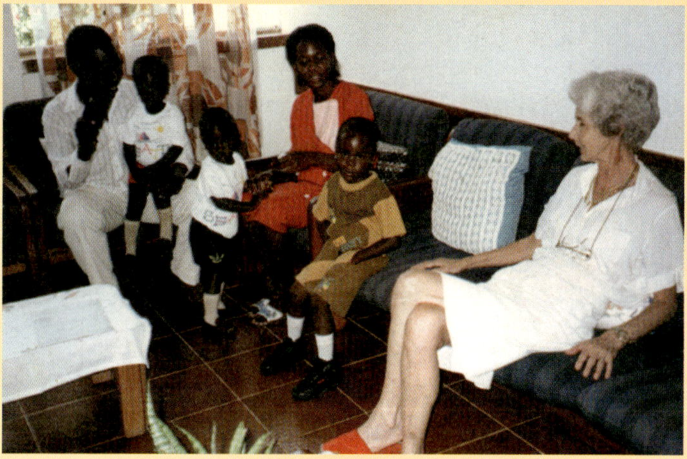

Dicembre 1991: Matthew Lukwiya, la moglie Margaret e gli ultimi tre figli con la dott.ssa Lucille Teasdale Corti.

Il dottor Matthew è stato un grande dono della Provvidenza per il Lacor Hospital, ma anche per tutta l'umanità. Ora lui s'innalza con tutti gli altri morti nel servizio ai malati, come la dottoressa Lucille Teasdale Corti, il dottor padre Ambrosoli, i giovani infermieri vittime dell'Ebola, come un monumento alla professione sanitaria, non solo per l'Uganda, ma per il mondo intero. Il sangue «versato» del loro martirio continuerà a parlare, a rendere testimonianza e ad alimentare gli ideali della professione sanitaria.
La loro tragica fine è ora segno di speranza e di luce. Possano riposare nella pace del Signore Gesù, con tutti i santi che li hanno preceduti nel cammino!

FONDAZIONE ONLUS
PIERO E LUCILLE CORTI
IN UGANDA, PER LA CURA E LO SVILUPPO

IL LACOR HOSPITAL

Il St. Mary's Lacor Hospital (Lacor Hospital) è un ospedale senza scopo di lucro creato dai missionari comboniani nel nord dell'Uganda e gestito dal 1961 dai dottori Lucille Teasdale e Piero Corti per oltre 30 anni.
Oggi il Lacor è il secondo ospedale del paese, con oltre 500 dipendenti, tutti ugandesi. La sua missione è offrire cure accessibili a tutti, specialmente ai più bisognosi, combattendo malattie e povertà. Ogni anno cura 250mila persone (oltre 4 milioni dal 2000), per la maggior parte donne e bambini (bambini sotto i 6 anni e mamme costituiscono il 45% dei pazienti).
Il Lacor è un vitale centro di formazione sanitaria: oltre 400 studenti frequentano i corsi per infermieri, assistenti di laboratorio, ostetriche e tecnici di anestesia; inoltre il Lacor è polo universitario della Facoltà di Medicina dell'Università di Gulu.
In 55 anni di vita l'ospedale ha affrontato 30 anni di guerra, povertà estrema, la pandemia di AIDS ed emergenze quali la maggiore epidemia di Ebola prima dell'attuale.

LA FONDAZIONE CORTI

La Fondazione Corti Onlus è il principale sostenitore del Lacor Hospital, garantendo un imprescindibile sostegno economico e tecnico.
Con questa missione la Fondazione nasce nel 1995 a Milano per volontà dei coniugi Lucille Teasdale e Piero Corti. Piero e Lucille dedicarono tutta la vita a svilupparlo in termini di struttura, capacità e competenze locali, mirando a offrire *le migliori cure possibili, al maggior numero di persone e al minor costo possibile*.

Indice

Finito di stampare nel mese di novembre 2015
da Tipolitografia LA GRAFICA - Vago di Lavagno (VR)